Motivos para no volver

# Motivos para no volver

Nerea García Iglesias

**TEXTOS**
Nerea García Iglesias

**PORTADA**
Lily Vainylla (@lilyvainylla_)

**MAQUETACIÓN**
Andrea Gómez Expósito

**NÚMERO DE EDICIÓN**
Primera

**EDICIÓN**
Postdata Ediciones

**ISBN**
978-84-19411-75-4

**DEPÓSITO LEGAL**
V-1428-2024

¿CABEZA O CORAZÓN?

## LOS RECUERDOS

Soy yo la que aloja los recuerdos
pero el corazón me obligó a sostenerlos,
a través de los años,
con todos mis minutos,
con cada latido suyo
y a costa de mi libertad.
Pues me hacía presa a cada paso,
con sus huellas en las aceras de mi barrio,
con sus besos en tus sueños.
Me esforcé tanto en sostenerlo,
en no olvidarlo,
que ahora
no sabemos vivir fuera de esta celda,
lejos de su aliento.

## CON LOS OJOS DE ANTES

Vuelves pidiendo treguas.
Cruzas el andén siete años más viejo
mientras contengo la respiración.
Me miras con los ojos de antes,
como si los niños que fuimos
siguieran besándose en aquel banco.
Y yo, me pierdo en las señales que no entiendo,
en la contradicción de tus maneras.
Algún día vas a tener que decirme
cómo es que te ríes mil veces
del gesto de siempre.
Cómo se sostienen tan nítidos los recuerdos
en la lágrima que resbala por tu rostro.
Y por qué pareces haberte negado a olvidar
los años que ya no volverán.

## CÓMO SUJETO AL CORAZÓN

Llegas y el corazón se tira por las pupilas.
Quiere correr a abrazarte
como si fuera un ayer barnizado
de ternura y nostalgia,
que sólo él recuerda.
Bajo rápido las pestañas
replegando cualquier signo de una pena o cariño
que pueda darte la ventaja para atacarle.
Le grito que espere, que atienda a los detalles.
Ha olvidado aquella vez
en la que sobrevolamos las calles
oyendo solo un eco lejano de coches y semáforos
mientras latía frenéticamente,
huyendo del dolor, que nos seguía de cerca.
Ha olvidado que nos detuve
un segundo antes de caer.
Ha olvidado que juramos no volver.

## SIEMPRE

Vistes los mismos gestos.
Tu mano en la nuca,
la sonrisa inclinada.
Me asusto al comprobar que
son tus labios, los de siempre.
Más gastados pero iguales.
Que son mis manos, las de siempre.
Más curtidas, pero iguales.
Que las caricias siguen calientes
a medio camino donde las dejamos.
En esa distancia entre tu cuerpo y el mío
que lucho por mantener.
¿Y ahora cómo le explico a mi pecho
que tienes que marcharte?
Que eres el mismo
que alquilaba su mundo
a cada melena que cruza la calle,
a todas las faldas del autobús.
Y después, cuando te rompes tú solo,
resbalando por todos los corazones de Madrid,
pides la fianza,
como si se pudieran devolver los besos
o los silencios en los que dices sí.
Como si las malas fueran ellas
por cruzarse en tu camino.

## TIEMBLO

Las voces del pasado,
que nunca se callan,
suenan más fuerte cuando tú llegas.
Tenerte cerca me pone en peligro.
Me desvelas, con tus disculpas arrepentidas,
resucitas las cenizas de lo que quedó.
Doloroso sería cerrar de un balazo
un capítulo por escribir.
Frágil, el equilibrio entre cabeza y corazón
como el de mis talones en el suelo,
cuando me soplas y tiemblo.

## LOS BESOS QUE NO PUEDO DAR

Tengo un depósito ilimitado de besos
que nacen cuando te pienso,
que es siempre a destiempo y sin permiso.
Quieren fugarse hasta tus labios
y mi boca los retiene.
No sé por cuánto tiempo
me va a obedecer.

## TU IDIOMA MUDO

Hasta hoy no había llegado a entender
cómo has vaciado las palabras,
hasta hacer un lenguaje de urnas huecas
que llenas de retórica y entonación,
pero con el que no dices nada.
Disfrazas los adjetivos con los colores del atardecer
y me pintas en cada frase cien tardes felices.
Consigues llegar a las entrañas con tu idioma mudo
de oídos regalados,
con tus promesas de volver.
Y sé que eso es verdad,
pero nunca para quedarte.

## EL CORAZÓN ES SORDO

Se lo digo a ese pequeño loco,
que bombea la vida debajo de estos huesos
y menosprecia mis motivos.
Si dejara de barnizarlo todo
con su pátina dorada
de romanticismo aprendido.
Si no fuéramos esta vez enemigos,
podría percatarse de que sin ti
no hemos perdido.
Que alzar el vuelo es posible
cuando nos faltan tus alas.
Y que a estos pies
ya no los sujetan tus pasos.

## SE LANZA CONTRA SU BOCA

Bastaba con crecer,
devolver los golpes en aprendizajes.
Bastaba con tener memoria de la angustia
que vivió alojada en el pecho.
Bastaba con no volver a buscar
donde ya habías mirado,
donde no se encuentra lo que buscas.
Pero el alma, volátil, no me escucha.
Se ha lanzado
y solo me queda llorar
ante la belleza de un corazón por romper.

# EL CORAZÓN DESOYENDO LOS CONSEJOS

## CEDER A LA CARICIA

Mi mente ha intentado negociar
con mis emociones y motivos,
resistirme al chantaje de tu cuello.
Pero me enredas, en el teatro de tus palabras,
en la danza hipnótica de tus labios.
Se sueltan mis amarres
y me muero de miedo
si mis pies dejan de tocar el suelo.
Pero ya galopo sola, sin jinete que me guíe.
Tu abrazo desbarata mi cordura
y mi razón acaba cediendo a la caricia.

## NO EXISTE EL DESPUÉS

Oigo un puñado de razones que dictaba mi juicio
y no quise escuchar.
Las repiten como un eco las voces de mis amigos
de quienes me quieren bien.
Desde lejos las advierto, como perdidas,
en una niebla que no me deja ver
más allá del espacio que ocupas.
Que te mantiene tan cerca,
que un adiós carece de significado
y acepto quererte hasta que llegue el después.

## FINGIR

Fingir que no oscurece,
que la Luna no se posa sobre el mar
y tu recuerdo no cae sobre mis hombros.
Fingir que no te gusto,
que mi alma no encaja con la tuya.
Fingir que los demás no sonríen
cuando me miras,
que tu palma no reposa eternamente en la mía,
sin buscarlo ni quererlo.
Fingir que nuestras salidas
no desembocan en entradas a otras vidas,
en mil futuros posibles
que negamos
en las pasiones que no queremos acallar.
Fingir hasta que un día
nos quedemos sin ganas de fingir.

## SIN SABER PARAR

Desatas con tus dedos mis contracturas,
mientras me regañas por las malas posturas.
Si supieras que lo que me duele
son los deseos insatisfechos
que me asaltan entre sombras cada noche,
las palabras no dichas
que se me cuelgan de las costillas.
Porque ahora son otros
los que me dan los consejos
que yo misma me daría,
si me viera desde fuera
estrellándome una y otra vez contra tu boca.
Voy sobrada de lecciones
porque he tomado apuntes
en tus cuarenta decepciones
y, aun así, no me detengo.

## LOS BURLADORES DEL TIEMPO

La historia se ruboriza cada vez que tus ojos
se tiran por el tobogán de mi espalda,
pues jamás una mirada ardió tan rápido.
Y el tiempo,
el tiempo no se explica cómo lo burlamos,
eternamente.
Perdiéndolo en años en blanco,
recuperándolo en segundos.
Porque tú y yo podemos recortar
cualquier distancia en dos palabras.
Me pregunto si será toda la vida así.
Si podremos retomarnos
infinitamente.
Si dejaremos de dejarnos
alguna vez.

## CUMPLIR UN DESTINO

Nunca dos bocas encajaron de forma tan perfecta,
será que aprendimos en la misma escuela de caricias.
Aquella noche intercambiamos temores
prestándonos corajes, deshaciendo prudencias,
en una muestra más
de nuestra compensación perfecta.
Con peldaños de poesía bajé a buscar al niño mudo
que tanto necesitaba hablar.
Y el destino se sonrió feliz
de que dejáramos por fin
de intentar contradecirle.

## A LA MAÑANA SIGUIENTE

Sentí un resplandor de sábanas blancas
y, al estirar la mano, solo ellas estaban.
Había una nota en la mesilla,
no sé lo que ponía
porque he amordazado a mi conciencia
para que deje de decirme lo que no puedo sentir.
Tienes la caligrafía que busca mi piel
para escribir su historia.
Aunque empiezo a sospechar
que no hay ninguna aquí.
No más versos de amor que los que escribo
para no entregarte en tu salón.
Ni más treguas en las que matarme
por el compromiso que te niegas a dar.

## CUANDO MADRID CALLA

Sentada en el balcón
a esa hora en la que la ciudad se calla
y puedes ver ventanas iluminadas
como si fueran pequeñas viñetas,
vidas en diminuto que observas desde fuera,
como relatos costumbristas
de un Madrid que duerme y me desvela.
Entonces, cuando nada suena,
vuelves a llamar
y dejas mi vida comunicando.
Estar contigo se parece a ser la carta
olvidada en el buzón,
la tierra cálida a la que las aves solo van
cuando tienen frío.

## SUÉLTAME DEL TODO

Déjame caer,
chocar sin frenos contra la verdad,
quitarme el arnés.
Quiero que me sueltes totalmente,
que te lleves tus caricias,
que cierres de un portazo y no mires atrás.
Deja de preocuparte por mi alma,
por los años que hacen cola en la memoria.
Tu ternura me cuesta la vida
porque si me miras de esa forma
aún me escuecen las heridas.
No quiero puertas entornadas
ni senderos de migajas de vuelta a casa.
Recoge las lágrimas que de nada nos sirven
y no te olvides sonrisas enganchadas en mi pelo.
Si vas a marcharte, suéltame sin limitación.
No te vayas a medias con ruptura a cuenta gotas
y puntos suspensivos.
Déjame ya, déjame en silencio,
en paz.

## ROMPES TODO MENOS TUS DUDAS

Es mi cumpleaños y rompes tu ausencia y silencio.
Me regalas los detalles que escuchaste
cuando hablaba distraída
y que hace meses coleccionas en tu pecho.
Rompes la distancia que nos separa
para cogerme la cintura,
subir a las alturas
y seguirme en mis locuras de encontrar
estrellas fugaces.
Llegas con ganas renovadas a romperlo todo,
menos tus dudas.
Dices que has soñado conmigo,
que hace mucho no te ríes de esta forma,
que mi voz suena, cuando canto,
en la escala exacta que hace vibrar tus costillas
y calma tus latidos,
que las semanas se dilataron en tu memoria.
Lo dices todo, menos lo que importa.
Y yo, que hace meses no me sirven las mitades,
que me he cansado de preguntas
que chocan con un muro de misterios,
te siento en el vagón de los amigos
y me guardo estos ratos para siempre.

## CIERRO PARÉNTESIS

Tu ambivalencia me ha cerrado de golpe el paréntesis.
Ya no sé dónde tengo la cabeza
y dónde el corazón.
Me pesan los dos
por los pensamientos que sobran
recordando los consejos que quise ignorar.
Ya no hay relojes que puedan medir el tiempo
que me di para olvidarte,
y las excusas avanzan, desgastadas,
les han crecido piernas para que dejen de arrastrarse,
mudando la piel se convierten en motivos
para no dejarme para después.

LA CABEZA ESCRIBIENDO LOS MOTIVOS

# 1 DE ABRIL: UN MOTIVO POR CADA DÍA DEL MES

Mira, corazón, dónde has llegado,
multiplicas tu dolor en cada intento
de coser tus heridas a navaja.
Recoge los enseres del desastre,
suelta los mandos,
paga el rescate por mi secuestro.
He vuelto.
Esta vez te escribiré un motivo
por cada día del mes,
para que no vuelvas a saltar.
Que tu vuelo inconsciente
es caer.

## 2 DE ABRIL: PORQUE NI TE ENTIENDO NI QUIERO

Por qué mis pasos continuamente
se tuercen en sus esquinas.
Por qué si siente se frena.
Por qué cada vez que quiere verme,
vuelve el pasado sediento de presente
y veo temblar en su boca
los besos que nos faltaron por dar.
Por qué se deja la vida en batallas perdidas
y deserta de mis treguas.
Por qué pasar mis días
tratando de entender.

## 3 DE ABRIL: PORQUE NUNCA ES NUESTRO MOMENTO

Lee mi frente como un libro abierto
y en mi regazo hay un hueco con la forma de su rostro.
Encajamos como un puzle perfecto,
pero nunca estamos en el espacio y tiempo
donde mi mano pueda posarse en la suya,
donde podamos vernos, y reconocernos.
Cuando no haya cargas ni titubeos,
cuando no se llame temor
y deje de llamarme después.

## 4 DE ABRIL: PORQUE SI NO ES CERCA, TENDRÁ QUE SER LEJOS

Su mirada es una cuerda inocente
que se deja caer sin saber que ata.
Me mantiene a una distancia prudencial
en la que no me pierde ni le gano.
Y yo, que quiero cometer una imprudencia,
tengo que alejarme porque
me está matando el humo
que me deja en el pecho,
cuando a su lado no respiro.
Amarga es la desesperación
de estar a un paso de su cuerpo
y no poder tocarle,
en el lugar exacto desde donde atisbo
que está hecho a mi medida,
y que hoy también
vamos a dejarnos para después.

## 5 DE ABRIL: PORQUE SOMOS DEMASIADA LITERATURA, POCA REALIDAD

Su perfume, de abrazarle, se quedaba en mi piel
y temía olerlo por si lo gastaba.
Quería guardar su esencia perpetuamente,
retener su cuerpo a mi lado.
Reposaba mi barbilla en su hombro
y soñaba que podía colgarme de su cuello
sin que se hiciera tarde.
Volvía entonces a casa
y no paraba de hacer poesía
con su nombre.
Las letras se revelaban en mi cuaderno
formando parejas impensables:
lento destino,
cazador de segundos,
cobarde frío.
Binomios que, como él y yo,
funcionan solo en estos versos.
Quizá este es el lugar al que pertenecemos,
quizá no debemos salir de los libros.

## 6 DE ABRIL: PORQUE HAY QUE CORTAR EL CICLO

Conmigo encontró una coartada
para salir de la rutina.
Un domingo atravesado vino a buscarme,
cargando su colección de dolores.
Me los expuso por categorías,
buscando comprensión.
Tomó lo que pudo: nuevas alas,
algo de oxígeno,
más confianza,
un pedazo de su dignidad perdida.
Y después se fue a reabrirse las heridas
en este ciclo perverso de tirita y moratón.

## 7 DE ABRIL: PORQUE NO DEBIMOS SALIR DE LOS LIBROS

Hace rato que mi prosa se cansó de escribirle,
desde entonces, la poesía ha tomado el relevo
poniendo palabras a sus contornos,
tratando de dibujar el perfil de un sentimiento
que no tiene silueta por inabarcable.
Tras estos años, podría decirse
que tengo una antología sobre su sonrisa
y la poesía empieza también a quedarse vacía.
Por él vive la materia inerte en mis poemas.
Puedo decir que las rocas gritan su ausencia
o que el cristal me apuñala con su reflejo.
He agotado las metáforas que hablan de él
y siento cómo mi lenguaje poético se expande,
buscando nuevas formas de nombrarle
con palabras que, antes, ni si quiera conocía.
Será que es ese miedo que me hace saltar,
aunque yo sea el que le paraliza.

## 8 DE ABRIL: PORQUE NO DEJA DE HUIR

Estoy cansada de gritos ahogados,
de noches en vela,
de flores marchitas y recuerdos fríos.
Cansada de caminos de piedras,
de que me mire silencioso
con los labios sellados y ardientes.
Cansada de que me llame
para no decir nada.
De que me siga de cerca
desde lejos.
Estoy cansada de esperar
a que se canse de olvidarme.

## 9 DE ABRIL: PORQUE ME HE ESTADO ENGAÑANDO

Porque él decía:
*Por favor no me mires con esos ojos.*

Y cuando preguntaba:
*¿Con cuáles?*

Contestaba:
*Con los míos*

Y mi mente completaba con su voz:
*Mírame con los míos,*
*que solo ven de ti lo bueno,*
*que se ciegan con tu luz*
*y quieren cubrirte de besos.*

Cuando en realidad decía:
*Mírame con los míos,*
*que no quieren compromiso,*
*que gastan su brillo mirándose*
*en cien pupilas distintas.*
*Mírame con los míos, un poco más frío,*
*que tus ojos no le gustan a mi conciencia*
*que sabe que tomar algo cuando no puedes pagarlo*
*es lo mismo que robar.*

## 10 DE ABRIL: PORQUE ES TARDE

Lo entenderá cuando le quieran a medias.
Cuando se explique y no le entiendan,
cuando lea para nadie en su vacío,
cuando mis manos ya no dibujen retratos
sobre su piel,
cuando ya no tenga miedo de perder
y no pueda ganarme,
cuando su alma se muera de sed
y no encuentre palabras que beber.
Cuando me haya ido para no volver.

## 11 DE ABRIL: PORQUE NO TIENE QUE BAJARME LA LUNA

Me promete el paraíso
y embotella las estrellas
para volcarlas sobre mí,
comerciando con luceros
que ya estaban allí,
colocados de forma perfecta,
desde el inicio del mundo
para que los mire cada noche
sin que nadie me los tenga que bajar.

## 12 DE ABRIL: PORQUE SOBRAN LOS MOTIVOS

¿Cómo puede quererme a ratos?
A trozos,
en distancias y fotos,
en adjetivos en los que no me encuentro.
¿Cómo puede quererme
con billete de ida y vuelta?
Entre misterios y excusas,
con más miedos que intenciones.
Y a mí, que nunca me faltaron razones,
me sobran los motivos para no volver.

## 13 DE ABRIL: PORQUE EL TIEMPO TODO LO PUEDE

El viento había prometido desayunar a la playa,
pero hasta que llegara,
leíamos libros a medias y en bajito.
Los mismos que tantas veces después
a la luz de las velas.
Los mismos que me juzgan desde la estantería
y me coaccionan para abrirlos otra vez.
Supongo que los años pasarán
y aunque siga intacta la playa,
y los libros y tu Luna en mi cielo...
Tocaré aquellos renglones con otra voz
que, al recitarlos, les inventará un nuevo sentido
lejano ya a nuestra playa
que volverá a ser del viento.
Porque no hay recuerdo que pese lo bastante
para no poder barrerlo del presente
o encerrarlo en esta cárcel de papel.

## 14 DE ABRIL: PORQUE MEREZCO LA PAZ

A mi pena le consuelan
nuestras líneas paralelas.
Dos vidas que discurren por el mismo plano,
que mantienen el espacio prudencial,
pero que jamás se volverán a tocar.
Hoy creo que hemos llegado a un punto final
en el que olvidarnos de los suspensivos
que alargan las cosas y quitan salud.
Un punto final en el que lo nuestro descansa en paz.

## 15 DE ABRIL: PORQUE DUDAR Y AMAR SON ANTÓNIMOS

Me habló de la bendición que era mi cuerpo para sus manos
y del milagro de entender, al fin, un alma
que estaba hecha a su medida.
Pero a pesar del presente que quería,
no pudo deshacerse de un pasado que le perseguía.
Y se alejó, porque llevaba demasiado equipaje
como para saltar, aunque fuera de mi mano.
Se alejó, por no querer profanar mi verdad con su duda,
porque no soy mujer de mitades
y él quería darme primaveras sin inviernos.
Porque perderme se le antojó un precio justo por mi libertad.
Y yo me pregunto si un día habrá alguien
dispuesto a despeinarse en el viento de mi risa,
a arruinarse la prudencia en mis abrazos,
a jugárselo todo a mi carta
y dejarse de faroles.
Alguien que entienda que la duda y el amor
no pueden sentarse en la misma frase.
Y que quien no salta, no sabrá si tiene alas.

## 16 DE ABRIL: PORQUE ES PETER PAN

Tengo en mis zapatos toda la arena
de los parques en los que jugó.
He transitado tanto por su infancia,
para salvarle,
que arrastro los pies por el mismo pasillo
sin elegir ninguna puerta.
Y llega el momento
de dejar de acunar al niño que fue,
ese que se niega a crecer.
Y mirar al adulto que es,
para despedirme de él.

## 17 DE ABRIL: PORQUE TENGO QUE DESPERTAR

Me gustaría decirle que tengo toda la vida
para esperarle
sin otra ocupación que envolver amaneceres
para que los abra.
Que puedo dormirme en mi caja de cristal
hasta que decida rescatarme con un beso,
pero no es verdad.
Porque la vida está ahí fuera
y él sigue siendo la copa que siempre
se me rompe en los labios.
La lluvia que no llega cuando hay sequía,
pero inunda ciudades cuando no se la espera.
Es un tiempo tan lento que se torna inalcanzable,
mientras la realidad escapa a hurtadillas
y yo sigo dormida.

## 18 DE ABRIL: PORQUE ES INÚTIL

Apuro la última gota de delirio
subiendo la roca de Sísifo hasta su cima
para que vuelva a rodar,
en el castigo incesante
que yo misma me he impuesto,
en la ceguera que me quise creer.
Ya no tengo uñas ni dientes para agarrarme.
El hastío de este esfuerzo inútil
por ganarme su indecisión,
de gastar mis días en rehacer mis pasos,
ha terminado por hacerme ver.
Y a luz del día,
lo dejo caer.

## 19 DE ABRIL: PORQUE LO QUE NO EMPIEZA NO ACABA

Nos sobraban minutos y fuimos al Norte a gastarlos.
Allí nuestro abrazo escapó a la censura del destino
y fuimos inabarcables, estáticos,
incombustibles.
Fácil y alegre era la mañana,
inquieta y risueña la tarde,
la noche, detallista, sin relojes.
Como todos los embrujos, quedó allí,
al amparo de las *meigas*.
Olvidamos meterlo en la maleta
y fue el principio más corto hasta el fin.

## 20 DE ABRIL: PORQUE NO SE PUEDE VIVIR DE SUEÑOS

Para dormir sin lastre
hice con su nombre una cometa
que vuelo en sueños
en el viento de su risa.
En ese mundo onírico
donde podría quedarme,
donde nada duele
ni es real.

## 21 DE ABRIL: PORQUE ME HA USADO

Me usó por comodidad,
para su disfrute,
para secar su llanto y soplar sus velas.
Me usó para olvidar,
para impulsar sus saltos,
para sentirse vivo.
Y así usada y rota me levanto
para proclamar que una mujer
no es un artículo de uso.

## 22 DE ABRIL: PORQUE NO ES AMOR

Se ha quedado frío
el corazón que reposa aún en la mano palpitante,
allí donde lo puse para entregarme.
Se ha enfriado de tanto esperarte,
yace amoratado por las horas en que faltaste,
por el aire hueco que soplaste en sus ventrículos.
Pero todavía hay un cuerpo que lo sostiene,
un cerebro que lo llama al orden
tras comprobar que no es amor.
Repliega a los huesos y músculos,
cierra filas para protegerse
y la mano, ensangrentada, regresa al pecho
reubicando al corazón en su cavidad,
aunque todavía no está claro que pueda llenarla,
parece que ha encogido.

## 23 DE ABRIL: PORQUE NO QUIERO CUERPOS VACÍOS

Dije que sí y me acusaron de gritarle al cielo en vano,
de embargar mi sonrisa en causas perdidas,
de necia y suicida.
Aposté todo a su carta y lo perdí.
Hoy dejo de jugarme la vida en cuerpos de batalla.
¡Quiero almas!
que se palpen con la punta de los ojos
y no ataquen por la espalda.

## 24 DE ABRIL: PORQUE NO ES CULPABLE, PERO YO NO SERÉ VÍCTIMA

A veces otros nos roban el aire
para poder respirar.
A veces otros, sin ser culpables,
escupen su dióxido en nuestras mejillas,
secan sus lágrimas en nuestros brazos,
esnifan restos de esperanza sobre nuestro esternón
y después, sin más, se van.
Así, sin ser culpables ni conscientes
del destrozo que dejan.
Como el suicida que, tras posar su pie sobre el abismo,
lo regresa.
Como el accidentado que descubre sus dos piernas
al final de la camilla.
Es solo la materia luchando por la supervivencia,
el cuerpo buscando dónde cobijarse,
la mente luchando por regresar el alma
a un cuerpo que hace mucho que no habita.

## 25 DE ABRIL: PORQUE YA NO IMPORTAN SUS RAZONES

Acaso me confundía cuando
juzgaba sus idas y venidas como cobardías,
dibujando un horizonte para dos
con paciente espera.
Incrédula de que sus palabras
estuvieran vacías,
de que sus actos fueran estrategias
y su vuelta a casa búsqueda de comodidad.
Aún no sé la respuesta,
pero he olvidado la pregunta.

## 26 DE ABRIL: PORQUE BASTABA SER SINCERO

Le di demasiadas certezas
y la incertidumbre es la otra cara del deseo.
¿Tendría que haber disfrazado mis ganas de dudas
para que me persiguiera
como hace con lo que no puede ser?
¿Esconder los recuerdos
en el olvido que no existe?
No, mi sinceridad es justa
y merecía ser correspondida.

## 27 DE ABRIL: PORQUE LO QUE TE GUARDAS MUERE O MATA

Solo queda contarte lo callado,
no vaya a ser que lo interpretes mal.
Todavía eres capaz de creerte
que esto es fortuito,
un accidente inesperado.
Erigirte en víctima tal vez.
Te dejo con esta nota un paquete
con el amor que he juntado estos años
en caso de que algún día te dejaras querer.
Tómalo, ya no lo necesito.

## 28 DE ABRIL: PORQUE AMARÉ DE NUEVO

Es cierto, no serán tus besos
los que inventé para ti.
No serán las risas
en las que me salvé contigo.
Buscaré otros poemas,
encenderé otras velas.
Abrazaré de otra forma
a cómo te abrazaba a ti,
daré la mano con un agarre distinto,
pero volveré amar
con estas ganas.

## 29 DE ABRIL: PORQUE VOY A QUERERME

Hoy he vomitado tu ausencia sobre un poema
y me he avergonzado al pensar que pudieras escucharlo,
que tu orgullo podría pasearse por encima de mi pena.
Aunque, para entonces, voy a quererme tanto
que no me acordaré ni de la tilde de tu nombre.
Esa que ahora me atraviesa las entrañas,
y nunca me acentúa "alegría" o "corazón".
Dará igual cuánto me llames, porque esta vez no voy a estar.
Si me buscas, sólo recuérdame
como se recuerdan los años de la infancia,
a cámara lenta,
desde otra altura sin ángulos muertos.

## 30 DE ABRIL: PORQUE PONGO PUNTO Y FINAL

He comprendido,
he esperado,
he perdonado,
he luchado,
he despertado.
He escrito demasiado
para lo poco que has leído.
Me he dado 30 motivos
para desaprender tu nombre.
Te regalo alguno si lo necesitas
cuando pides prórrogas.
Porque este ha sido el último abril
que gasto en tu recuerdo.

# ÍNDICE